MINISTÈRE DE LA JUSTICE

(Administration pénitentiaire)

DÉCRET

portant

RÈGLEMENT DU SERVICE ET DU RÉGIME

DES PRISONS

AFFECTÉES À L'EMPRISONNEMENT EN COMMUN

MELUN

IMPRIMERIE ADMINISTRATIVE

1923

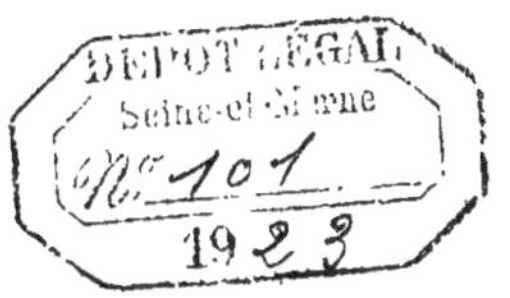

DÉCRET

RÈGLEMENT DU SERVICE ET DU RÉGIME

DES PRISONS

AFFECTÉES A L'EMPRISONNEMENT EN COMMUN

DÉCRET

PORTANT

RÉGLEMENT DU SERVICE ET DU RÉGIME

DES PRISONS

AFFECTÉES A L'EMPRISONNEMENT EN COMMUN

LE PRÉSIDENT DE LA RÉPUBLIQUE,

Sur le rapport du Garde des Sceaux, Ministre de la Justice,

Vu l'avis du Conseil supérieur des Prisons,

DÉCRÈTE :

CHAPITRE PREMIER

Attributions et obligations du Personnel d'administration et de surveillance.

ARTICLE PREMIER

Les maisons d'arrêt, de Justice et de correction sont réparties en circonscriptions pénitentiaires.

La composition du Personnel d'administration et de surveillance est déterminée pour chaque établissement par le Ministre conformément aux dispositions des règlements fixant le recrutement, les attributions et le traitement des fonctionnaires employés et agents de l'Administration pénitentiaire.

Personnel.

ART. 2

Le Directeur de chaque circonscription administre, sous le contrôle du Préfet, les établissements composant sa Circonscription.

Il donne son avis ou présente des propositions sur les détails du régime et de l'administration des diverses prisons.

Les projets de modifications d'aménagement des locaux lui sont soumis; et au cas où ces projets lui paraîtraient présenter des inconvénients au point de vue pénitentiaire, il adresse un rapport au Ministre.

Attributions et devoirs du Directeur de la Circonscription.

Indépendamment des propositions qu'il peut faire, s'il y a lieu, au Préfet, en vue de travaux urgents, il lui présente chaque année, avant la deuxième session du Conseil général, un rapport succinct sur le fonctionnement des prisons et signale dans ce rap-. port les travaux d'entretien, de grosse réparation et d'amélioration à effectuer aux bâtiments, lorsque ces derniers sont la propriété du département.

Art. 3

Le Directeur est responsable du fonctionnement des services des prisons de sa Circonscription. Tous les employés et agents lui sont subordonnés et lui doivent obéissance.

Il est spécialement chargé :

1° D'assurer l'exécution des lois, des règlements et instructions ministérielles ;

2° De préparer les budgets ainsi que les marchés, les cahiers des charges et les tarifs de prix de main-d'œuvre, de contrôler les opérations de dépenses et de recettes, d'en vérifier le règlement ainsi que la liquidation, de contrôler la comptabilité espèces et matières ;

3° De contrôler l'exécution des marchés de fournitures ;

4° De tenir la main à la stricte exécution du cahier des charges et proposer, s'il y a lieu, vis-à-vis de l'entrepreneur les sanctions prévues ;

5° De surveiller tout ce qui concerne les travaux industriels et prendre toutes les mesures nécessaires en vue de faire donner du travail aux détenus ;

6° De veiller à l'exacte observation des mesures d'ordre et de police intérieure.

Art. 4

Deux fois par an, au moins, le Directeur doit se rendre dans chacune des prisons de sa Circonscription pour y vérifier le fonctionnement des divers services. A la suite de chaque tournée, il soumet au Préfet ses observations dans un rapport qui est ensuite transmis au Ministre.

La vérification du Directeur est constatée par un visa sur les différents registres d'écrou et autres. Ses instructions sont consignées sur le carnet d'ordres de service.

Art. 5

Le Directeur est responsable de la tenue au siège de la circonscription des registres suivants :

1° Un registre d'arrivée et de départ de la correspondance administrative ;

2° Un registre matricule et par compte ouvert à chaque agent et conforme au modèle réglementaire ;

3° Un registre de récompenses et de punitions concernant chacun des fonctionnaires, employés ou surveillants de sa Circonscription;

4° Un registre d'inventaire des objets mobiliers appartenant à l'État.

ART. 6

Le surveillant-chef est chargé, sous l'autorité du Directeur de la Circonscription et sous le contrôle du Préfet ou du Sous-Préfet, sans préjudice des dispositions des articles 93, 613 et suivants du Code d'Instruction criminelle, et de la loi du 8 décembre 1897 :

Fonctions du surveillant-chef.

1° De diriger tous les détails des services de la prison ;

2° D'assurer la garde des détenus, le maintien du bon ordre et de la discipline, l'exécution du service de propreté dans toutes les parties de la maison ;

3° De veiller à l'observation par l'entrepreneur des clauses et conditions du cahier des charges, et à l'exacte application des tarifs de main-d'œuvre ; de signaler au Directeur les infractions au cahier des charges, notamment en ce qui concerne le défaut de travail et l'insuffisance des objets de vestiaire ;

4° De se conformer aux instructions relatives à l'anthropométrie des détenus ;

5° De tenir les diverses écritures mentionnées à l'article ci-après.

ART. 7

Le surveillant-chef tient les registres d'écrou prescrits par le Code d'Instruction criminelle, savoir :

Registres et écritures

Un registre pour la maison d'arrêt ;
Un registre pour la maison de justice ;
Un registre pour la maison de correction.

Le surveillant-chef tient en outre, s'il y a lieu, des registres d'écrou séparés, savoir:

Un registre pour les détenus pour dettes et pour ceux mentionnés en l'article 455 du Code de Commerce ;
Un registre pour les détenus de passage;
Un registre pour les condamnés en matière de simple police ;
Un registre pour les marins, dans les chefs-lieux d'arrondissements maritimes.

Le surveillant-chef est également chargé de la tenue des registres dont la nomenclature suit :

1° *Registres d'ordre et d'administration proprement dits*, à savoir :

Registre du contrôle nominatif de la population pour les détenus des deux sexes ;
Registre du contrôle numérique ;
Registre des libérations par mois ;
Registre pour l'inscription des punitions ;
Registre de la correspondance des détenus avec les autorités administratives et judiciaires ;
Registre de l'inventaire des objets mobiliers appartenant à l'État ;
Registre d'inscription des ordres de service et circulaires ;
Et en général, tous autres registres et états prescrits par les instructions ministérielles.

2° *Registres et écritures concernant la comptabilité des fonds appartenant aux détenus*, conformément aux instructions ministérielles.

Tous les registres que le surveillant-chef est chargé de tenir sont établis suivant les modèles déterminés par les instructions ministérielles.

ART. 8

Dépôts des sommes par les détenus.

Les fonds dont les détenus sont porteurs à leur arrivée à la prison sont déposés entre les mains du surveillant-chef qui doit leur en donner un reçu détaché du registre à souche.

Si le personnel de la prison comporte un agent comptable, c'est à lui que les fonds sont remis et dans ce cas le reçu est remplacé par un émargement des détenus sur le registre du dépôt des fonds.

ART. 9

Caisse.

Le montant des fonds en caisse appartenant aux détenus ne doit pas dépasser la somme maximum qui a été fixée pour chaque prison par le Préfet sur la proposition du Directeur. L'excédent de ladite somme, lorsqu'il est supérieur à 100 francs, est versé à la Trésorerie générale ou à la Recette des Finances, et il en est passé écriture conformément aux instructions.

ART. 10

Responsabilité du surveillant-chef.

Dans les prisons où il n'y a ni comptable-deniers, ni comptable-matières, le surveillant-chef est seul responsable de la gestion de la caisse ainsi que des objets mobiliers qui n'ont pas été pris en charge par l'entrepreneur des services économiques.

ART. 11

Le surveillant-chef est tenu, à quelque heure du jour ou de la nuit que ce soit, de remettre, sans le moindre retard, aux agents des transports cellulaires, les détenus désignés pour être transférés, les libérés destinés aux dépôts de mendicité, les expulsés devant être reconduits à la frontière, les jeunes détenus à destination des établissements correctionnels. Il remettra en même temps à ces agents les extraits de jugements, arrêts de condamnation, arrêtés de libération et autres pièces concernant les transférés. Il devra aussi leur remettre les sommes d'argent, bijoux et autres valeurs appartenant aux transférés; il y sera joint un état détaché du registre spécialement tenu à cet effet, et décharge sera donnée au surveillant-chef. *(Détenus à transférer.)*

Il est interdit au surveillant-chef de laisser partir tout détenu reconnu par le médecin atteint de maladie grave.

Les femmes en état de grossesse dûment constatée par le médecin seront maintenues dans les prisons départementales; il en sera de même des femmes auxquelles sera laissé, sur l'avis du médecin, l'allaitement de leur enfant.

Même après sevrage, les enfants pourront être laissés jusqu'à l'âge de 4 ans aux soins de leur mère qui, dans ce cas, restera également dans la prison départementale.

ART. 12

En cas de décès d'un détenu, le surveillant-chef en fait mention en marge de l'acte d'écrou, conformément à l'article 84 du Code civil. Il en donne avis au maire qui fait dresser état des effets, papiers, argent, etc., laissés par le défunt. Le surveillant-chef doit joindre à sa déclaration l'indication du dernier domicile du détenu. *(Décès des détenus.)*

Il informe, en outre, l'autorité judiciaire du décès de tout prévenu ou accusé.

ART. 13

En cas de suicide ou de mort violente, le surveillant-chef, indépendamment du rapport qu'il doit adresser au Préfet ou au Sous-Préfet et au Directeur, est tenu de provoquer immédiatement l'intervention de la police judiciaire conformément aux articles 48, 49 et 50 du Code d'Instruction criminelle. *(Suicides. Morts violentes.)*

ART. 14

Le surveillant commis-greffier est chargé des écritures du greffe et de la tenue de la comptabilité sous l'autorité et la responsabilité du surveillant-chef. *(Surveillants commis-greffiers.)*

ART. 15

Dans les prisons où le personnel comprend un ou plusieurs premiers surveillants, les attributions de ces agents sont déterminées par le *(Premiers surveillants.)*

Directeur de la Circonscription. Ils ont autorité sur les surveillants qu'ils doivent, en cas d'infraction à la discipline, signaler au surveillant-chef.

ART. 16

Surveillants.

Les surveillants sont placés sous les ordres du surveillant-chef et doivent se conformer à ses prescriptions.

Dans les prisons où des premiers surveillants sont en fonctions, les surveillants leur sont subordonnés dans les conditions fixées par l'article précédent.

ART. 17

Quartiers des femmes. Surveillantes.

Les femmes détenues doivent être placées dans un quartier spécial; elles ne sont surveillées que par des personnes de leur sexe chargées des mêmes fonctions que celles des surveillants.

Les surveillantes sont placées sous l'autorité du surveillant-chef.

En cas d'absence ou d'impossibilité momentanée de faire son service, la surveillante est remplacée par la femme d'un surveillant ou par toute autre personne agréée par le Directeur, ou en cas d'urgence, par le Préfet ou le Sous-Préfet.

ART. 18

Service du quartier des femmes.

Les surveillants ne doivent jamais, à moins d'un ordre du Directeur ou du surveillant-chef, et tout à fait exceptionnellement, avoir accès dans le quartier des femmes.

Le surveillant-chef peut avoir une clef ouvrant la porte du quartier des femmes, mais non celle des dortoirs, des ateliers, des cellules de punition, ces locaux devant être munis d'une serrure différente de celle du quartier des hommes.

Le surveillant-chef, sauf en cas de nécessité absolue, n'entrera dans le quartier des femmes qu'accompagné de la surveillante.

A moins de circonstance exceptionnelle, dont il devra rendre compte par écrit au Directeur, il ne pourra entrer dans les locaux occupés par les femmes qu'accompagné d'une surveillante.

ART. 19

Logement des agents de surveillance

Le surveillant-chef est toujours logé dans la prison. Il n'a droit à aucun avantage en nature autre qu'un jardin mis à sa disposition lorsque la superficie des terrains de la prison le permet.

Dans aucun cas et sous aucun prétexte, il ne doit recevoir les détenus dans son logement.

Aucune personne de sa famille ne devra pénétrer dans les locaux de la détention, exception faite cependant de sa femme si elle a un emploi de surveillante.

A l'exception du surveillant chargé du service de porte, les agents de surveillance, autres que le surveillant-chef, ne sont pas logés dans la prison. Des locaux peuvent cependant être mis à leur disposition ainsi qu'à celle de leur famille, si les bâtiments de la prison en dehors de la détention, permettent de les loger.

Dans tous les cas, les agents de la surveillance n'ont droit qu'aux objets de literie et de lingerie prévus par le cahier des charges et seulement dans l'intérieur de la détention et pour le service de garde.

ART. 20

Les surveillants-chefs, surveillants commis-greffiers, premiers surveillants, surveillants et surveillantes sont tenus de porter constamment dans l'exercice de leurs fonctions l'uniforme réglementaire.

Port de l'uniforme.

ART. 21

Les agents de surveillance sont armés pendant le service, dans les conditions déterminées par les instructions ministérielles.

Armement.

ART. 22

Le surveillant-chef ainsi que les autres agents du service de surveillance ne doivent jamais être détournés de leurs fonctions pour des motifs étrangers au service de la prison.

Ils ne peuvent non plus exercer aucune autre fonction.

Prohibition de tout service étranger à la fonction.

ART. 23

Outre des congés réglementaires, les surveillants-chefs, surveillants commis-greffiers, premiers surveillants, surveillants et surveillantes peuvent exceptionnellement, et pour des cas de nécessité justifiée, être autorisés à s'absenter. Cette autorisation leur est accordée par le Directeur de la Circonscription; s'il y a urgence, elle peut leur être donnée par le Préfet ou le Sous-Préfet lorsque la prison n'est pas dans la ville siège de la Circonscription pénitentiaire.

Congés et permissions de sortie.

ART. 24

Les agents de surveillance, quel que soit leur grade, sont responsables des évasions imputables à leur négligence, sans préjudice des poursuites dont ils pourraient être passibles par application des articles 237 et suivants du Code pénal.

Responsabilité en cas d'évasion.

ART. 25

Il est interdit à tous les employés et agents de la surveillance :

De se porter à des actes de violence sur les détenus;

D'user à leur égard, soit de dénominations injurieuses, soit du tutoiement, soit d'un langage grossier ou familier;

Interdictions imposées à tous les employés ou agents.

De manger ou boire avec les détenus même après leur libération, ou avec les personnes de leur famille, leurs amis et visiteurs;

De fumer à l'intérieur de la détention;

De se mettre en état d'ivresse;

D'occuper les détenus pour leur service particulier et de se faire assister par eux dans leur travail, sauf dans les cas spécialement autorisés;

De recevoir des détenus ou des personnes agissant pour eux, aucun don, prêt ou avantage quelconque; de se charger pour eux d'aucune commission et d'acheter ou de vendre pour eux quoi que ce soit;

De faciliter ou de tolérer toute transmission de correspondances, tous moyens de communication irrégulière des détenus entre eux ou avec le dehors, ainsi que toute introduction d'objets quelconques hors des conditions et cas strictement prévus par les règlements et particulièrement des objets de consommation, vivres, boissons, etc...;

D'agir de façon directe ou indirecte auprès des détenus, prévenus et accusés pour influer sur leurs moyens de défense et sur le choix de leur défenseur.

Toutes contraventions à ces prohibitions, ainsi qu'aux dispositions des instructions sur le service de garde et de surveillance seront punies, selon la gravité des cas, des sanctions déterminées par les règlements sur la discipline, sans préjudice, s'il y a lieu, des sanctions prévues par le Code pénal, notamment par les articles 177 et suivants, relatifs à la corruption des fonctionnaires publics et des articles 309 et suivants relatifs aux coups et blessures.

ART. 26

Responsabilité en cas de dégâts.

Les surveillants sont responsables des dégradations, dommages et dégâts de toute nature commis par les détenus lorsqu'ils ne les ont pas signalés sur le champ au surveillant-chef.

La même responsabilité incombe au surveillant-chef qui a négligé de signaler les faits au Directeur.

CHAPITRE II

Séparation des différentes catégories de détenus.

ART. 27

Séparations obligatoires dans toutes les prisons.

Dans toutes les prisons, il y aura des locaux très nettement distincts pour les hommes et pour les femmes; ils sont aménagés de telle sorte qu'il ne puisse y avoir aucune communication d'un quartier à l'autre.

Dans chacun de ces quartiers, il devra y avoir séparation entre les détenus des catégories suivantes :

1° Prévenus et accusés. — Détenus pour dettes en matière de faillite et en matière de simple police;

2° Condamnés correctionnels au-dessous d'un an. — Condamnés correctionnels ou criminels à destination de Maison centrale ou du Dépôt des forçats. — Condamnés de simple police. — Détenus pour dettes envers l'État en matière criminelle ou correctionnelle;

3° Jeunes détenus;

4° Enfants détenus par voie de correction paternelle.

Art. 28

Si la prison est de moyenne importance, les détenus sont groupés de la façon suivante, dans la mesure où le permettent les locaux et le nombre de surveillants :

1° Prévenus et accusés sans antécédent judiciaire. — Détenus pour dettes en matière de faillite et de simple police;

2° Prévenus et accusés avec antécédent judiciaire;

3° Condamnés de simple police;

4° Condamnés correctionnels au-dessous d'un an. — Condamnés de simple police. — Détenus pour dettes envers l'État en matière criminelle ou correctionnelle;

5° Condamnés correctionnels ou criminels à destination de Maison centrale ou du Dépôt des forçats;

6° Jeunes détenus;

7° Enfants détenus par voie de correction paternelle.

Séparations dans les prisons de moyenne importance.

Art. 29

Dans les prisons importantes où le permettent les locaux et le nombre des surveillants, les groupements suivants sont faits dans la mesure du possible :

1° Prévenus et accusés sans antécédent judiciaire. — Détenus pour dettes en matière de faillite et de simple police, s'ils n'ont pas d'antécédent judiciaire;

2° Prévenus et accusés avec antécédent judiciaire. — Détenus pour dettes en matière de faillite et de simple police s'ils ont un antécédent judiciaire;

3° Condamnés de simple police.

4° Condamnés au-dessous d'un an n'ayant pas un antécédent judiciaire. — Détenus pour dettes envers l'État en matière criminelle ou correctionnelle, lorsque ces détenus n'ont pas d'antécédent judiciaire;

5° Condamnés au-dessous d'un an ayant un antécédent judiciaire. — Détenus pour dettes envers l'État en matière criminelle ou correctionnelle, lorsque ces détenus ont un antécédent judiciaire;

6° Condamnés correctionnels à destination de Maison centrale ou du Dépôt des forçats;

7° Jeunes détenus ;

8° Enfants détenus par voie de correction paternelle.

Séparations dans les prisons importantes.

ART. 30

Les passagers, les soldats et marins sont répartis dans la catégorie à laquelle ils appartiennent.

Sont considérés comme ayant un antécédent judiciaire pour l'application des articles 28 et 29 les détenus ayant subi dans une prison une peine d'un mois au moins.

ART. 31

Les prévenus ou condamnés pour faits prévus par la loi du 28 juillet 1894 sur les menées anarchistes ne sont en aucun cas placés avec d'autres détenus.

Dans le quartier des femmes, les filles soumises condamnées pour des contraventions de simple police occupent toujours également un local séparé.

ART. 32

Les différentes catégories de détenus visés par les articles 27, 28, 29, 30 et 31 doivent être séparées tant dans les dortoirs que dans les ateliers, les réfectoires et les préaux.

Lorsqu'il n'y a pas de préaux en nombre suffisant pour toutes les catégories de détenus, les heures de promenade sont fixées de manière que les préaux puissent servir successivement pour chacune de ces catégories.

ART. 33

Le Directeur ou le surveillant-chef se conforme aux ordres qui lui sont donnés par le Juge d'instruction ou le Président des assises en exécution de l'article 613 du Code d'instruction criminelle; il ne devra pas, notamment, placer avec d'autres détenus les prévenus ou accusés dont l'autorité judiciaire aura prescrit l'isolement.

Lorsque plusieurs détenus sont libérables le même jour, il doit être pris des précautions nécessaires pour qu'ils ne se rencontrent ni dans les bureaux du greffe ni à leur sortie de la prison.

ART. 34

Les jeunes détenus doivent être complètement séparés, le jour et la nuit, de tous détenus adultes.

Les enfants jugés par application des articles 66, 67 et 69 du Code pénal qui ne sont détenus que pour moins de six mois, et ceux qui attendent leur transfèrement doivent toujours être placés dans des chambres ou dans un quartier spécial, soit à l'isolement individuel si possible, soit plus de deux ensemble, s'il y a impossibilité de les laisser seuls.

ART. 35

Le Préfet de Police à Paris ou le Directeur de la Circonscription pénitentiaire devra, soit pour éviter un encombrement à prévoir, soit pour
faire cesser l'encombrement existant, adresser dans le moindre délai
un rapport au Ministre en vue du transfèrement de détenus dans un
autre établissement.

ART. 36

A leur arrivée à la prison et jusqu'au moment où ils peuvent être
conduits dans leur quartier, les détenus seront placés isolément,
dans des cellules d'attente ou dans les locaux en tenant lieu.

Ils sont soumis aux formalités de l'écrou et aux mensurations
anthropométriques ainsi qu'aux soins de propreté nécessaires; ils
sont ensuite, s'il y a lieu, revêtus du costume pénal.

CHAPITRE III

Discipline et police intérieure de la Prison.

ART. 37

Hors les cas prévus par le présent règlement, aucune dérogation
quelconque ne peut être apportée à l'uniformité de la règle à
laquelle les détenus doivent être généralement et indistinctement
soumis.

ART. 38

Les enfants détenus par voie de correction paternelle doivent toujours être placés isolément dans des chambres ou des cellules.

Il n'est fait aucune mention sur les registres, états et écritures
concernant la population détenue et les services de l'entreprise, de la
présence à la prison des mineurs enfermés par voie de correction
paternelle en vertu des art. 375 et suivants du Code civil.

Le surveillant-chef justifie de la légalité de la détention en pro-
duisant l'ordre même d'emprisonnement délivré ou renouvelé par le
Président du Tribunal civil.

ART. 39

Le jour de leur arrivée ou au plus tard le lendemain, les jeunes
détenus ainsi que les enfants détenus par voie de correction paternelle doivent être visités par le Directeur ou, à son défaut, par le
Contrôleur et par le surveillant-chef dans les prisons où il n'y a ni
Directeur ni Contrôleur.

Ces visites doivent leur être renouvelées au moins trois fois par
semaine.

Art. 40

Détenus pour dettes.

Les détenus pour dettes envers l'État en matière criminelle ou correctionnelle sont soumis aux mêmes règles disciplinaires que les condamnés. Toutefois ils ne sont pas astreints au travail ni au port du costume pénal.

Les détenus pour dettes, en matière de simple police et de faillite, sont soumis aux mêmes règles disciplinaires que les prévenus et accusés.

Art. 41

Obéissance.

Les détenus doivent obéissance aux fonctionnaires ou agents ayant autorité dans la prison en tout ce qu'ils leur prescrivent pour l'exécution des règlements.

Art. 42

Fouilles des détenus.

Tous les détenus doivent être fouillés à leur entrée dans la prison et chaque fois qu'ils en sont extraits, conduits à l'instruction ou à l'audience et ramenés à la prison. Ils peuvent être également fouillés pendant le cours de leur détention aussi souvent que le Directeur ou le surveillant-chef le jugera nécessaire.

Les détenus ne peuvent être fouillés que par des personnes de leur sexe.

Art. 43

Argent, valeurs et bijoux.

Il n'est laissé aux détenus ni argent ni bijoux autres que les bagues d'alliance, ni valeurs quelconques.

Les sommes dont ils seraient porteurs à leur entrée dans la prison, ainsi que les bijoux, après estimation, et les valeurs sont déposés entre les mains du surveillant-chef ou rendus à leur famille avec leur assentiment.

Il est immédiatement passé écriture, au compte du déposant, des sommes ou valeurs consignées sur les registres réglementaires.

Le surveillant-chef peut être autorisé par le Directeur à refuser de prendre charge des objets dont l'importance ou le prix lui paraîtrait trop grand pour sa responsabilité.

Dans ce cas, les objets dont il s'agit n'en sont pas moins inscrits provisoirement au registre; mais le détenu est invité à s'en défaire, soit en les renvoyant à sa famille ou à son tuteur, soit en les faisant déposer entre les mains d'un notaire ou de toute personne agréée par l'Administration, soit en les vendant. Les frais de renvoi, de garde ou de vente sont à la charge du détenu.

En aucun cas l'Administration ne se charge du recouvrement des capitaux, intérêts, dividendes et arrérages des valeurs appartenant aux détenus.

Art. 44

Les sommes déposées par les détenus au moment de l'incarcération, ou versées ultérieurement en leur nom, peuvent être employées, sauf s'il y a abus, par les prévenus et accusés pour l'achat d'aliments supplémentaires ou autres dépenses autorisées par le règlement.

Les condamnés peuvent être autorisés à recevoir des sommes qui leur seront envoyées au cours de leur détention et à en faire le même emploi. Ces autorisations peuvent leur être retirées, s'il y a lieu, par le Directeur ou par le surveillant-chef sur avis conforme du Directeur.

Art. 45

Au moment de la libération, l'argent, les vêtements, bijoux et valeurs sont remis aux détenus qui en donnent décharge.

Au cas où un détenu ne saurait ou ne pourrait signer, comme dans celui où il refuserait de le faire, quoiqu'il ait reçu les objets mentionnés au registre, la constatation de la remise doit être signée aux registres par deux surveillants ou, à défaut, par deux personnes appartenant à une administration publique.

Si la sortie de prison a lieu par transfèrement, les objets appartenant aux détenus sont déposés contre reçu entre les mains de l'agent de transfèrement. Les bijoux et objets que ce dernier ne croirait pas pouvoir prendre en charge sont expédiés par la poste ou par tout autre moyen à la nouvelle destination du détenu, aux frais de ce dernier ou sont, avec son consentement, vendus à son profit ou remis à un tiers désigné par lui.

Art. 46

Après un délai de trois ans, depuis le décès d'un détenu ou son évasion, si les bijoux, valeurs, etc..., n'ont pas été réclamés par leurs ayants droit, il en est fait remise à l'administration des Domaines, et cette remise vaut décharge pour l'administration de la prison. L'argent est versé au Trésor.

Il est procédé de même pour les objets que les détenus ont refusé par écrit de recevoir, lors de leur libération.

Art. 47

En cas de perte, il est remis au détenu ou à ses ayants droit la valeur d'estimation de l'objet perdu. Le paiement en est mis, sauf le cas de force majeure, à la charge de l'agent responsable.

Art. 48

Tous les objets apportés ou envoyés du dehors aux détenus doivent être visités.

Il est donné connaissance à l'Autorité administrative et, s'il y a lieu, à l'Autorité judiciaire, des objets retenus qui auraient été trouvés sur les détenus ou envoyés du dehors ou apportés par les visiteurs.

ART. 49

Règle du silence.

Tous cris et chants, interpellations et conversations à haute voix, toute réunion en groupe bruyant et généralement tous actes individuels ou collectifs de nature à troubler le bon ordre sont interdits aux détenus, à quelque catégorie qu'ils appartiennent. Il en est de même de toutes réclamations, demandes ou pétitions présentées de façon collective.

Les condamnés sont, en outre, astreints à la règle du silence, sauf les exceptions nécessitées par les besoins du service ou par le travail.

Interdiction des jeux, des dons, trafics et échanges.

Les jeux de toutes sortes sont interdits, ainsi que tous dons, trafics, ou échanges entre détenus.

ART. 50

Instruments dangereux, rasoirs.

Sauf l'autorisation spéciale délivrée par le Directeur, les détenus ne peuvent garder à leur disposition aucun instrument dangereux, notamment les rasoirs.

ART. 51

Moyens d'appel. Fenêtres. Gaz, ventilation.

Il est interdit aux détenus ;

1° A moins d'urgence et de nécessité absolue d'user des moyens mis à leur disposition pour appeler les surveillants.

2° De monter aux fenêtres à quelque moment que ce soit;

3° D'éteindre les appareils d'éclairage à une heure autre que celle qui leur a été indiquée.

4° De boucher les orifices des conduits de ventilation.

ART. 52

Service d'ordre et de propreté.

Chaque détenu fait son lit et entretient sa chambre ou la place qui lui est réservée dans les dortoirs dans un état constant de propreté.

Les dégradations constatées sont signalées au surveillant-chef. Les détenus qui les ont commises paient sur leur pécule disponible, ou à défaut sur le pécule réserve, après virement autorisé, le montant de ces dégradations sans préjudice d'une sanction disciplinaire.

. Il est interdit aux détenus de clouer ou de coller sur les murs des images, affiches etc.... Sera considéré comme dégradation tout ce qui peut laisser trace sur les murs, les boiseries et objets mobiliers.

Art. 53

Pendant que les détenus n'occupent pas les dortoirs, ateliers et réfectoires, la visite de ces locaux doit être faite chaque jour par un surveillant. Le mobilier doit également être visité et vérification est faite des serrures et barreaux des fenêtres.

Les préaux sont visités et les objets quelconques qui y auraient été laissés doivent être enlevés. Les inscriptions et les dessins tracés sur les murs ou sur le sol sont effacés, sans préjudice de ce qui est dit à l'article précédent quant à l'imputation des dégradations et à la sanction disciplinaire.

Afin d'établir la responsabilité de chacun, le surveillant-chef doit marquer tous les jours sur le carnet de chaque surveillant les divers locaux que celui-ci doit visiter le lendemain. Lorsque le surveillant-chef a une recommandation toute spéciale à faire à un surveillant, il la consigne sur ce carnet.

Visite des cellules et des préaux.

Art. 54

Les ateliers, réfectoires, dortoirs, corridors et en général les locaux d'un usage commun sont balayés et lavés par les détenus du service général.

Ces détenus sont désignés par le Directeur ou le surveillant-chef parmi les condamnés n'ayant que des peines de courte durée à faire et autant que possible parmi ceux qui ont eu des condamnations antérieures peu importantes.

Détenus du service général.

Art. 55

Les prévenus et accusés ne sont pas astreints à la promenade au préau.

Cette promenade est au contraire obligatoire pour les condamnés et pour les jeunes détenus, à moins qu'ils n'en aient été dispensés par le Directeur ou le surveillant-chef sur l'avis du médecin.

Dans les établissements où le nombre des détenus et la disposition des cours et préaux l'exigent pour la surveillance et le bon ordre, la promenade peut être organisée par files individuelles à distances ou intervalles marqués.

La marche par files individuelles ne peut être imposée aux prévenus et accusés.

La durée de la promenade doit être d'une heure par jour. Le Directeur, après avis du surveillant-chef, peut fixer une durée plus longue pour les prévenus et accusés.

Promenade au préau.

Art. 56

Dans les prisons où existent des locaux pouvant être affectés spécialement à la réunion des détenus pendant le jour, l'entrée des dortoirs leur est interdite entre le lever et le coucher.

Dortoirs.

2.

Art. 57

Contrôle de la présence.
Appels des détenus.

Aux heures de lever et de coucher ainsi que deux fois par jour à des heures variables, les surveillants contrôlent la présence des détenus.

Le surveillant-chef et les surve'llants de service dans chaque quartier font ce contrôle à l'aide d'une liste nominative des détenus établie par quartier.

Art. 58

Rondes de nuit.

Le nombre des rondes de nuit est déterminé pour chaque prison par le Directeur de la Circonscription sans préjudice des mesures exceptionnelles à prendre lorsque l'établissement renfermera des détenus dangereux.

Le surveillant-chef doit indiquer aux surveillants les heures auxquelles les rondes seront effectuées; ces heures varieront d'une nuit à l'autre. Il devra avoir la possibilité de contrôler si les rondes ont été faites aux heures prescrites.

Pendant la nuit, personne ne doit entrer dans les dortoirs des détenus à moins d'appel ou qu'on ait de graves raisons pour le faire. Le surveillant prend, en ce cas, toutes les précautions de sécurité nécessaires; il appelle au besoin un autre surveillant ou le surveillant-chef.

En circulant pendant leurs rondes les surveillants doivent faire le moins de bruit possible.

Art. 59

Visites dans l'intérieur de la prison.

Les fonctionnaires ou les personnes qualifiées pour visiter la prison ne peuvent avoir accès dans la détention qu'après justification de leur qualité ou présentation d'un ordre de mission.

Aucune personne étrangère au service ne peut être admise à visiter une prison qu'en vertu d'une autorisation spéciale du Ministre, du Préfet ou du Sous-Préfet.

Les visiteurs ne peuvent voir les détenus qu'avec une autorisation donnée par le Ministre. En tout cas ils ne peuvent leur parler hors la présence d'un surveillant.

Art. 60

Permis de visite.

Les permis de visite sont délivrés par l'autorité administrative sous réserve des droits conférés par la loi à l'autorité judiciaire. En ce qui concerne les prévenus et les accusés, les permis de visite sont soumis suivant les cas au visa du Procureur de la République, du Juge d'Instruction ou du Président des assises.

Les permis ne sont en principe délivrés qu'au conjoint et aux parents du condamné jusqu'au troisième degré et sur justification de cette parenté; ils sont également donnés à leur tuteur.

Exceptionnellement, et pour des motifs que l'autorité administrative apprécie, des permis peuvent être délivrés à d'autres personnes que les proches parents des condamnés.

Tout permis de visite présenté au surveillant-chef a le caractère d'un ordre auquel il doit déférer, sauf à surseoir si les détenus sont matériellement empêchés ou en punition, et si quelque circonstance exceptionnelle l'oblige à en référer préalablement au Directeur.

ART. 61

Un surveillant est présent au parloir et doit avoir la possibilité d'entendre les conversations et empêcher toute remise d'argent ou d'objet quelconque par les visiteurs aux détenus aussi bien que par les détenus aux visiteurs.

Parloir.

Les surveillants doivent signaler au surveillant-chef les visiteurs dont l'attitude aura laissé à désirer ou qui ne se seraient pas conformés à la défense de remettre aux détenus des lettres, de l'argent ou tous objets qu'ils n'auraient pas été autorisés à donner. Les noms de ces visiteurs devront être communiqués à l'autorité administrative qui appréciera si les autorisations de visite devront être supprimées ou suspendues.

ART. 62

Les prévenus, les accusés et les détenus pour dettes en matière de faillite peuvent recevoir des visites tous les jours ; les condamnés seulement deux fois par semaine.

Jours et heures des visites.

La durée des visites ne doit pas dépasser une demi-heure ; exceptionnellement elle peut être augmentée si les visiteurs ont leur domicile très éloigné du siège de la prison.

Les jours et heures des visites pour tous les détenus sont fixés par une décision préfectorale et sont indiqués dans le règlement intérieur de la prison.

ART. 63

Les avocats agissant dans l'exercice de leurs fonctions communiquent avec les prévenus et accusés, soit dans un parloir spécial, soit dans un local qui en tient lieu.

Visites faites par les avocats.

Ces visites peuvent être faites tous les jours mais à des périodes de la journée fixées par le Préfet ou le Sous-Préfet, après avis du Bâtonnier de l'Ordre, sauf dérogations pour des cas exceptionnels.

Toutes communications et toutes facilités compatibles avec les dispositions du présent règlement sont accordées aux prévenus et accusés pour leurs moyens de défense et le choix de leur défenseur.

A cet effet le tableau des avocats inscrits dans les barreaux du département et la liste des avoués de l'arrondissement sont affichés sur une planchette ou un carton accroché dans chaque atelier ou dortoir.

En cas d'impossibilité matérielle, un avis affiché dans l'atelier et le dortoir fait connaître aux détenus qu'ils peuvent réclamer communication du tableau de l'ordre des avocats.

ART. 64

Correspondance
des détenus.

Les prévenus, les accusés, les détenus pour dettes en matière de faillite, et les enfants détenus par mesure de correction paternelle peuvent écrire tous les jours.

Les condamnés ont l'autorisation d'écrire le dimanche aux membres de leur famille; mais ces lettres ne peuvent pas excéder le nombre de deux ni dépasser 4 pages de 15 lignes chacune.

Par autorisation spéciale du Directeur ou du surveillant-chef, un condamné peut écrire à des personnes autres que des membres de sa famille; il peut aussi être autorisé exceptionnellement, et pour des cas d'urgence, à écrire en semaine en plus de la correspondance du dimanche, des lettres dont le nombre ne dépassera pas deux.

La correspondance de tous les détenus devra être lue tant à l'arrivée qu'au départ; à l'exception cependant des lettres adressées par les prévenus et accusés à leur défenseur ou que ce dernier leur fera parvenir sous les garanties que déterminera l'Administration pour s'assurer que la lettre émane bien du défenseur.

Les lettres écrites par les prévenus ou accusés ou qui leur sont adressées seront communiquées, s'il y a lieu, au Procureur de la République, au Juge d'instruction ou au Président des assises.

Tous les détenus ont la faculté de remettre au Directeur ou au surveillant-chef des lettres closes adressées par eux aux autorités administratives et judiciaires. Aucun retard ne doit être apporté dans l'envoi de ces lettres à leur destination.

La punition de privation de la correspondance ne s'applique pas aux lettres adressées aux autorités administratives et judiciaires.

ART. 65

Mise à l'isolement.

Les détenus mis à l'isolement par mesure, de précaution ou de sécurité ne doivent pas être placés dans des cellules de punition.

La mise à l'isolement doit être approuvée par le Directeur de la Circonscription auquel elle est signalée par le rapport journalier. Sa durée ne peut être prolongée au delà d'un mois sans une décision ministérielle sur proposition motivée du Directeur accompagnée d'un avis du médecin de la prison.

Les détenus placés à l'isolement ont droit au couchage, aux vivres, à la cantine, à la promenade sur le préau, à la correspondance et aux visites etc.... dans les mêmes conditions que les détenus appartenant à la même catégorie pénale qu'eux.

Ils doivent travailler s'ils sont condamnés; s'ils sont prévenus ou accusés, du travail leur est donné au cas où ils en demanderaient.

Ils sont visités dans leur chambre ou cellule au moins deux fois par semaine par le surveillant-chef.

ART. 66

En ce qui concerne les *condamnés*, les punitions autorisées sont les suivantes:

1° La réprimande;

2• Le retrait de l'autorisation qui leur a été donnée, à titre de récompense, de faire usage du vin;

3° La privation de cantine (sauf en ce qui concerne le pain) pendant une période déterminée;

4• La privation de toute correspondance pendant deux semaines au plus, sauf le droit toujours maintenu d'écrire aux autorités administratives et judiciaires;

5° La privation de visites un jour par semaine pendant deux mois au plus;

6° La privation, pendant un mois au plus, de toutes visites, autres que celles des membres des Comités de Patronage autorisés.

7° La privation de lecture pendant deux semaines au plus, et en cas seulement de lacération, détérioration ou usage illicite des livres prêtés;

8° La privation d'assistance aux lectures et conférences pour trois séances consécutives au plus, et en cas seulement d'infraction aux règlements commise pendant la durée ou à l'occasion de ces exercices;

9° La suppression des vivres autres que le pain pendant trois jours consécutifs au plus; la ration de pain étant d'ailleurs augmentée, s'il y a lieu;

10° La salle de discipline dans les prisons importantes où il est possible d'en organiser une;

11° La mise en cellule de punition avec ou sans les aggravations suivantes;

a) Retrait de tout ou partie des fournitures de couchage autres que les couvertures.

b) Occlusion de la fenêtre par un volet plein ; elle ne peut avoir une durée de plus de deux jours consécutifs, sauf, après l'avoir suspendue pendant 24 heures, à la renouveler, s'il y avait lieu, pour une nouvelle période de deux jours;

Punitions.

12° La mise aux fers dans les cas et conditions prévues par l'article 614 du Code d'instruction criminelle. En cas d'urgence le surveillant-chef ordonne la mise aux fers, sauf à en référer immédiatement au Directeur qui lui-même en informe le Ministre.

La mise en cellule de punition entraîne de plein droit pendant toute sa durée et quels qu'en soient les motifs, la privation de cantinet de lecture, de correspondance et de visite.

Le régime alimentaire des détenus en cellule de punition se compose de pain dont la ration peut, s'il y a lieu, être augmentée, et des vivres complets tous les quatre jours.

Les détenus mis en cellule de punition font une promenade de 1 heure au préau tous les deux jours.

En ce qui concerne les *prévenus*, les *accusés* et les *détenus pour dettes* en matière de faillite et les mineurs détenus par mesure de correction paternelle, les punitions autorisées sont les suivantes :

1° Le retrait de l'autorisation d'occuper une cellule de pistole ;

2° Le retrait de l'autorisation de faire usage du tabac ;

3° Le retrait de l'autorisation de faire usage du vin ;　　En cas d'abus.

4° La privation de cantine ;

5° La privation de lecture pendant deux semaines au plus et en cas seulement de lacération, détérioration ou usage illicite des livres ;

6° La privation d'assistance aux lectures et conférences pendant trois séances consécutives au plus, et en cas seulement d'infraction commise pendant la durée ou à l'occasion de ces exercices ;

7° La suppression des vivres autres que le pain pendant trois jours consécutifs ; la ration de pain étant d'ailleurs augmentée s'il y a lieu ;

Cette punition entraîne la suppression d'autorisation de faire usage du tabac, de vin et de tous achats en cantine ;

8° La mise en cellule de punition ou aux fers dans les conditions déterminées ci-dessus à l'égard des condamnés.

Toutes les punitions mentionnées au présent article sont prononcées par le Directeur et dans les prisons où il n'y en a pas, par le surveillant-chef à charge par celui-ci d'en rendre compte dans les vingt-quatres heures au Directeur de la circonscription.

Toutefois le Directeur ne peut prononcer une punition de cellule supérieure à 15 jours ; s'il estime que la punition est insuffisante, il fait une proposition au Préfet, qui ne peut infliger que 30 jours aux maximum ; pour une punition de plus longue durée, il appartient au Ministre de statuer.

Les détenus ayant à subir une peine de cellule de plus de huit jours doivent être vus par le médecin dans la cellule de punition deux fois par semaine. La punition est suspendue si le médecin consigne sur le carnet de visite que sa continuation serait de nature à compromettre la santé du détenu.

ART. 67

A titre de récompense aux condamnés dont la conduite et le travail ont été satisfaisants, les autorisations suivantes peuvent être données :

Récompenses.

1° Acheter en cantine un demi-litre de vin par jour ou un litre de bière ou de cidre ;

2° Acheter des livres qui, toutefois, ne leur sont remis qu'après examen préalable du Directeur ;

3° Conserver les photographies des membres de leurs proches parents ;

4° Faire usage trois mois avant leur libération de souliers leur appartenant ;

5° Prélever sur le pécule réserve, en vue de faire des achats en cantine et d'envoyer des secours à leur famille. — Dans ce cas les virements doivent être faits sur l'ordre du Directeur, mais sans toutefois qu'ils soient un obstacle au paiement par les détenus des frais de justice dus au Trésor ;

6° Recevoir de l'argent de leur famille, et en faire l'emploi pour des achats en cantine.

CHAPITRE IV

Régime des détenus.

ART. 68

La composition du régime alimentaire est fixée par l'administration ; il comporte pour les détenus un régime gras par semaine, ce même régime leur est, en outre, donné les jours fériés.

Régime alimentaire.

ART. 69

Les prix des vivres de cantine sont fixés d'après un tarif arrêté tous les trois mois par le Préfet sur la proposition de l'entrepreneur et du surveillant-chef et l'avis du Directeur de la Circonscription.

Vivres de cantine.

Ce tarif reste constamment affiché dans les ateliers et les réfectoires. Il est divisé en deux parties : l'une indiquant les vivres autorisés seulement pour les prévenus et accusés et l'autre les vivres dont la consommation est permise aux condamnés:

Les prévenus et accusés peuvent chaque jour acheter le pain de toute qualité à discrétion, deux portions soit de viande, soit de poisson, des légumes, fruits et autres aliments qui figurent au tarif de cantine, 75 centilitres de vin, ou un litre de bière ou de cidre.

Les condamnés ne peuvent acheter que 500 grammes de pain de ration, une portion de légumes, œufs, lait, beurre ou fromage et une ration de viande ou de fruits suivant la saison.

Les condamnés ne doivent en principe acheter des vivres de cantine que sur le produit de leur travail ; toutefois ils peuvent être autorisés par le Directeur de la Circonscription, sur la proposition du surveillant-chef, à titre de récompense, à faire ces achats sur l'argent qu'ils ont en dépôt ou qui leur est envoyé ; cette autorisation doit, en outre, leur être donnée si leur état de santé ne leur permet pas de travailler, ou bien encore si le travail n'est pas suffisamment rémunérateur ou en cas de chômage ; cette autorisation peut leur être retirée.

Art. 70

Faculté laissée aux prévenus et accusés.

Les prévenus et accusés ont la faculté de renoncer aux vivres ordinaires et supplémentaires de la prison et faire venir du dehors pour leur nourriture, par jour, du pain à discrétion, une soupe, deux plats, ou portions soit de viande, soit de poisson, légumes, œufs, beurre, fromage, lait ou fruits ; 75 centilitres de vin óu un litre de bière ou cidre.

Art. 71

Régime des détenus pour dettes.

Les détenus pour dettes dans les cas déterminés par la loi et les mineurs détenus par mesure de correction paternelle sont assimilés, en ce qui concerne le régime alimentaire, aux prévenus et accusés. Toutefois, la dépense qu'ils peuvent faire en achat de vivres supplémentaires ne doit pas dépasser le montant de la consignation alimentaire.

Les débiteurs de l'État pour crimes, délits ou contraventions de droit commun sont soumis au régime des condamnés.

Art. 72

Boissons.

L'usage du vin, du cidre et de la bière, et généralement de toute autre boisson spiritueuse ou fermentée est interdit aux condamnés.

Toutefois, ils peuvent, sur le produit de leur travail, être autorisés à se procurer soit une ration de vin qui ne doit pas dépasser 30 centilitres par jour, soit une ration de bière ou de cidre de 50 centilitres au plus.

Ces autorisations sont révocables.

Art. 73

Tabac.

L'usage du tabac sous toutes ses formes est autorisé pour les prévenus et les accusés ; il est interdit aux condamnés et aux jeunes détenus.

Les prévenus et accusés qui seront occupés dans les ateliers à un travail présentant des dangers d'incendie ne sont autorisés à fumer qu'aux préaux.

ART. 74

Les prévenus et accusés conservent leurs vêtements personnels, à moins qu'il n'en soit autrement ordonné par l'autorité administrative, à titre de mesure d'ordre ou de propreté, ou par l'autorité judiciaire dans l'intérêt de l'instruction.

Ils peuvent faire venir du dehors et à leurs frais les vêtements dont ils ont besoin.

Ils ont la faculté de réclamer le costume pénal s'ils ont consenti à faire un travail susceptible de détériorer leurs vêtements personnels.

Vêtements des prévenus et accusés

ART. 75

Les individus condamnés à un mois de prison et au-dessous ne sont pas tenus de porter le costume pénal ; ils peuvent néanmoins le réclamer. Le costume pénal leur est imposé si leurs vêtements personnels sont malpropres ou en mauvais état.

Les individus condamnés à plus d'un mois et à moins de trois mois de prison peuvent conserver leurs vêtements personnels s'ils en font la demande. Cette autorisation leur est refusée si l'exercice de cette faculté doit compromettre les conditions d'ordre, de sûreté et de propreté de l'établissement.

Les individus condamnés à trois mois et au-dessus sont tenus de porter le costume pénal, sauf le cas de dispense individuelle. Cette dispense ne peut être accordée que par décision préfectorale rendue sur la proposition du Directeur de la Circonscription, faite après avis du surveillant-chef.

Cette décision doit être notifiée par écrit au surveillant-chef et consignée par lui sur le carnet d'ordres de service.

La dispense de porter le costume pénal est toujours révocable.

Port du costume pénal par les condamnés.

ART. 76

La composition du costume pénal et des effets de lingerie des condamnés est fixée par l'administration. De même le renouvellement et l'entretien en sont assurés dans les conditions déterminées dans le cahier des charges.

Le surveillant-chef doit signaler au Directeur de la Circonscription et à la Commission de surveillance l'insuffisance ou le mauvais état du vestiaire.

Le Directeur en informe le Préfet et lui fait des propositions en vue de l'application des sanctions prévues par le cahier des charges.

Composition du costume pénal.

Aucun vêtement ayant déjà servi à un détenu ne peut être remis en service, sans avoir été préalablement lavé, nettoyé ou désinfecté suivant les cas.

ART. 77

Vêtements supplémentaires.

Les condamnés peuvent être autorisés à faire usage, pour raison de santé et d'hygiène, de vêtements supplémentaires, à la condition que l'aspect extérieur du costume n'en soit pas modifié.

ART. 78

Effets appartenant aux détenus.

Les effets retirés aux condamnés entrants sont inventoriés, lavés ou nettoyés, désinfectés, étiquetés et mis en magasin pour leur être rendus à la sortie, le tout suivant les règles stipulées au cahier des charges.

ART. 79

Soins de propreté corporelle.

Il est donné un bain de corps ou une douche à tous les détenus à leur entrée, sauf le cas de dispense individuelle.

A moins d'indication contraire du médecin, tous les détenus doivent, une fois par semaine, prendre un bain ou passer à la douche.

ART. 80

Barbe et cheveux.

Les condamnés doivent être rasés deux fois par semaine, les cheveux leur sont coupés tous les mois.

ART. 81

Lever et coucher.

Les heures du lever et du coucher sont fixées par le règlement particulier de l'établissement sur la proposition du Directeur.

Aussitôt le signal donné, les détenus se lèvent, s'habillent, plient leurs fournitures de literie, font le balayage et prennent leurs soins de propreté personnelle.

Le soir, dès le signal donné, les détenus font leur lit et se déshabillent. Un quart d'heure après, ils doivent être couchés.

ART. 82

Objets de literie.

Le coucher des détenus comprend : une couchette en fer, une paillasse ou un matelas, un traversin de paille, une paire de draps, une couverture de coton en été et deux couvertures, dont une de laine en hiver.

ART. 83

Pistole.

Les prévenus et accusés, ainsi que les détenus pour dettes envers les particuliers retenus par application de l'article 455 du Code de commerce, peuvent seuls louer à l'entrepreneur les meubles, linges et effets de literie désignés sur un tarif de location dit *tarif de pistole*, arrêté par le Préfet, sur la proposition du Directeur.

Art. 84

Les conditions dans lesquelles le chauffage et l'éclairage sont assurés sont déterminées par le cahier des charges.

Les dortoirs communs sont éclairés toute la nuit ; il en est de même des préaux, des couloirs et des chemins de ronde.

Chauffage et éclairage.

CHAPITRE V

Travail.

Art. 85

Le travail est organisé dans les prisons de manière à ne laisser oisif aucun condamné ni aucun mineur détenu par mesure de correction paternelle.

Du travail doit également être donné aux prévenus, accusés, aux détenus politiques et aux détenus pour dettes qui en font la demande.

Les détenus peuvent continuer dans la prison l'exercice de leur métier ou profession, s'il se concilie avec l'hygiène, l'ordre, la sûreté et la discipline.

Si l'industrie qu'ils exerçaient est organisée dans la prison, ils y sont employés aux conditions fixées par le tarif. Dans le cas contraire, le salaire de ceux qui sont occupés par des maîtres-ouvriers du dehors est versé entre les mains de l'agent faisant fonctions de comptable ou de l'entrepreneur général des travaux, pour être réparti entre le pécule de l'ayant droit et le Trésor ou ledit entrepreneur, suivant le mode de gestion des services de l'établissement.

Les détenus dont le travail est fait pour leur propre compte sont tenus de payer une redevance équivalente à la somme dont le Trésor ou l'entreprise aurait profité s'ils avaient été employés à des travaux dans la prison ; cette redevance est fixée par le Préfet sur l'avis de la Commission de surveillance et la proposition du Directeur, l'entrepreneur entendu.

Indépendamment de la garde des détenus, les surveillants doivent s'occuper de l'organisation et de la bonne marche du travail.

Travail.

Art. 86

Aucun genre de travail ne peut être adopté à titre définitif avant qu'il ait été préalablement autorisé par le Préfet, sur la demande de l'entrepreneur, l'avis du surveillant-chef et la proposition du Directeur.

Les tarifs définitifs de prix de main-d'œuvre sont fixés dans le mois qui suit l'introduction de l'industrie dans la prison. Ils peuvent être revisés, le cas échéant, sur la demande de l'administration.

Autorisation
des travaux.
Fixation des tarifs
de main-d'œuvre.

Toutefois, lorsque l'effectif des détenus employés à une même industrie dépasse le chiffre de 20, l'administration peut exiger que ces tarifs soient préparés et arrêtés suivant les règlements en vigueur dans les maisons centrales.

Les tarifs des prix de main-d'œuvre doivent rester affichés dans les ateliers.

ART. 87

Produit du travail des condamnés.

La moitié des dixièmes revenant aux condamnés sur le produit de leur travail, dans les conditions fixées par le décret du 23 novembre 1893, est mise en réserve pour l'époque de leur libération.

Il ne peut être opéré de prélèvement sur le pécule réserve qu'avec l'autorisation écrite du Directeur, lequel ne doit l'accorder que comme récompense et en cas de nécessité dûment justifiée.

Le surveillant-chef peut, quand le Directeur n'est pas sur les lieux, autoriser les détenus à envoyer des secours à leur famille sur le pécule disponible.

ART. 88

Produit du travail des prévenus, accusés et des détenus pour dettes.

Les prévenus et détenus pour dettes qui ont demandé à travailler sont assujettis aux mêmes règles que les condamnés pour l'organisation et la discipline du travail, mais aucune tâche ne leur est imposée.

ART. 89

Sanctions vis-à-vis de l'entrepreneur. Cas de chômage.

Le surveillant-chef signale chaque jour dans son rapport au Directeur le nombre des détenus en chômage (y compris ceux qui n'étant pas astreints au travail ont demandé à travailler).

A la fin du mois, le Directeur soumet au Préfet un état des journées de chômage dans chacune des prisons du département, ainsi que des propositions en vue des amendes à prononcer et en vue également de pourvoir d'office, s'il y a lieu, au manque de travail conformément aux dispositions du cahier des charges.

CHAPITRE VI

Service de santé. — Hygiène.

ART. 90

Organisation du service de santé.

Le service de santé comprend la visite :

1° Des détenus à leur arrivée à la prison ;

2° Des détenus portés comme malades ou indisposés ;

3° Des détenus en cellule de punition ;

4° Des détenus réclamant pour raison de santé l'exemption ou le changement de travail ;

5° Des détenus à transférer. Le médecin signale au surveillant-chef ceux pour lesquels il doit être sursis au transfèrement.

En outre le médecin doit au moins une fois par mois visiter les locaux de la prison.

ART. 91

Le médecin de la prison est nommé par le Ministre sur la proposition du Préfet. Le choix du Ministre ne peut porter sur un médecin remplissant les fonctions de Maire ou d'adjoint dans la ville où est située la prison, ou de membre de la Commission de surveillance.

En cas d'absence ou d'empêchement, le médecin titulaire est remplacé temporairement par un médecin agréé par le Préfet ou le Sous-Préfet.

Médecin chargé du service.

ART. 92

En dehors des visites périodiques qui, au moins dans les prisons importantes, doivent être quotidiennes, le médecin se rend à la prison toutes les fois qu'il y est appelé par le surveillant-chef.

Visite du médecin.

ART. 93

Les prescriptions du médecin signées par lui doivent toujours être inscrites sur le registre réglementaire.

Le détenu n'est désigné que par son numéro d'écrou sur les cahiers de prescriptions et sur le registre des avis du médecin.

Écritures et prescriptions médicales

ART. 94

Sauf le cas d'affections épidémiques ou contagieuses, les détenus malades sont soignés dans l'infirmerie ; au cas seulement où ils ne pourraient recevoir à la prison les soins nécessaires, ils sont envoyés à l'hôpital. Ces envois sont mentionnés par le médecin sur le registre des prescriptions médicales. avec indication précise de la maladie qui a motivé le transfèrement.

Le transfèrement à l'hôpital ne peut avoir lieu que du consentement, savoir, s'il s'agit d'un prévenu ou d'un accusé suivant les cas, du Procureur de la République, du Juge d'instruction, du Président des assises ou du Président du tribunal, et s'il s'agit d'un condamné, d'un détenu pour dettes ou d'un mineur détenu par mesure de correction paternelle, du Fréfet ou du Sous-Préfet.

Infirmerie. Transfèrements à l'hôpital.

ART. 95

Le médecin est consulté au sujet des détenus proposés pour remplir l'emploi d'infirmiers.

Infirmerie.

Art. 96.

Coucher des malades.

Le coucher des malades comprend une couchette, une paillasse, un matelas, un traversin, un oreiller de plume avec sa taie, une paire de draps et deux couvertures. La paille des paillasses est renouvelée aussi souvent que le médecin le jugera nécessaire, mais en tout cas après chaque décès.

La literie d'un détenu atteint d'une maladie contagieuse ou infectieuse est désinfectée. La paille de la paillasse est brûlée et l'enveloppe lessivée.

Art. 97

Mobilier de l'infirmerie.

A chaque lit de malade sont joints une table de nuit, une descente de lit, une chaise de paille et en outre les menus objets mobiliers que comporte le soin des malades, tels que planchettes d'infirmerie, pots à tisane, verres à boire.

Art. 98

Nourriture des malades

La nourriture des détenus malades est fournie sur les prescriptions du médecin et conformément aux dispositions du cahier des charges dans les prisons soumises au régime de l'entreprise.

Art. 99

Vêtements des malades

Indépendamment du vêtement ordinaire, il doit être fourni à chaque malade une capote en droguet, deux paires de chaussettes de laine et une paire de chaussons.

Art. 100

Inspection des locaux par le médecin

Le médecin qui, à l'occasion de sa visite de la prison, constate des causes d'insalubrité, doit les signaler sur le registre réglementaire, et donner son avis sur les moyens d'y remédier.

Ces observations doivent être portées par le surveillant-chef à la connaissance du Directeur.

Art. 101

Mesures destinées à prévenir les affections épidémiques ou contagieuses.

Toutes mesures nécessaires en vue de prévenir et de combattre les affections épidémiques ou contagieuses doivent être prises par l'administration, d'accord avec le médecin de la prison.

Les vêtements ayant servi à un détenu décédé ou atteint de maladie contagieuse, ainsi que le local qu'il occupait, doivent être désinfectés.

Art. 102

Rapport annuel du médecin.

A la fin de chaque année, le médecin fait un rapport d'ensemble sur l'état sanitaire de la population ainsi que sur les causes et les caractères des maladies qui ont atteint les détenus.

Ce rapport est adressé au Directeur qui le transmet au Préfet avec ses observations ; il est ensuite adressé au Ministre par le Préfet.

CHAPITRE VII

Enseignement. — Culte.

ART. 103

Un service d'enseignement primaire est organisé dans toutes les maisons de concentration ; il peut l'être également dans les autres prisons départementales.

Ce service est confié soit à un instituteur appartenant au cadre de l'administration, soit à un instituteur de la localité, soit, à toute personne agréée appartenant à la Commission de surveillance ou à une Société de patronage.

Les détenus âgés de moins de 40 ans ayant à subir une peine de 8 mois au moins qui sont illettrés, et ceux qui ne savent que lire ou imparfaitement écrire, sont astreints à recevoir cet enseignement.

Des lectures et conférences morales ou instructives peuvent être faites soit par des membres de l'administration, soit par d'autres personnes autorisées par le Préfet. Les sujets que ces derniers se proposent de traiter doivent être préalablement soumis au Préfet ou au Sous-Préfet, ou au Directeur de la Circonscription pour la prison de sa résidence.

L'assistance aux lectures et conférences est obligatoire pour les condamnés ; si toutefois elles ont un caractère confessionnel, l'assistance n'est obligatoire que pour ceux qui ont demandé à suivre l'exercice du culte auquel se rapporte la conférence.

ART. 104

Des livres de la bibliothèque de la prison sont mis à la disposition des détenus.

Les condamnés peuvent faire usage des livres, le dimanche et les jours de fête ; lorsqu'ils ont en semaine, fait les devoirs donnés par l'instituteur et après la journée de travail, ils ont la faculté de consacrer à la lecture le reste du temps. Il n'est pas fixé de limite à cet égard à ceux qui se trouveraient momentanément sans travail, non plus qu'aux prévenus ou accusés.

Il est interdit aux détenus de faire usage des livres pendant les repas.

ART. 105

Le service religieux est assuré par les ministres des cultes auxquels appartiennent les détenus. Ces aumôniers sont nommés par le Ministre sur la proposition du Préfet. Ils ne peuvent pas faire partie de la Commission de surveillance.

Les ministres des cultes doivent se rendre auprès des détenus valides ou malades qui en font la demande.

Seuls le personnel et les détenus peuvent assister aux services religieux de la prison.

ART. 106

Assistance aux offices religieux.

Chacun des détenus doit à son arrivée faire connaître s'il désire ou non assister aux offices religieux de son culte.

Au commencement de chaque trimestre, tous les détenus sont à nouveau invités à déclarer s'ils veulent ou non continuer à suivre ou ne pas suivre les exercices du culte.

ART. 107

Servants du culte.

Les servants du culte sont choisis par le Directeur ou le surveillant-chef parmi les détenus, avec leur consentement, sur la proposition du ministre chargé du service religieux.

CHAPITRE VIII

Commission de surveillance.

ART. 108

Attributions de la Commission de surveillance.

La Commission de surveillance instituée auprès de l'établissement, conformément aux règlements en vigueur, doit se rendre compte de la propreté de la prison, de la salubrité et de sa sécurité, de l'état du vestiaire, du régime alimentaire, du service de santé, du travail des détenus, de la tenue des registres d'écrou, de l'observation des règle-ments, de la discipline, de l'instruction et de la réforme morale des détenus.

Elle peut se faire communiquer par le surveillant-chef le cahier des charges de l'entreprise générale des services et s'assurer des conditions de son application, notamment en ce qui concerne le blanchiment des locaux, le vestiaire, le régime alimentaire, le travail des détenus, etc.

Elle ne peut en aucun cas faire acte d'autorité.

ART. 109

Réunion de la Commission de surveillance.

La Commission de surveillance doit se réunir au moins une fois par mois dans la prison, sans préjudice des visites qui sont faites régulièrement aux détenus et de l'inspection fréquente des locaux par un ou plusieurs de ses membres délégués à cet effet.

ART. 110

Registres.

Les observations de la Commission sont consignées sur un registre qui est déposé à la Préfecture ou à la Sous-Préfecture.

La Commission communique au Préfet et au Directeur et, si elle le juge utile, directement au Ministre, les observations ou critiques qu'elle croirait devoir formuler en vue de faire cesser des abus ou améliorer les services.

CHAPITRE IX

Patronage.

ART. 111

Toutes facilités sont données par le Directeur ou le surveillant-chef aux membres des Comités de patronage agréés par le Préfet ou le Sous-Préfet pour les visites des détenus, ces visites ne devant cependant pas avoir lieu avant l'heure du lever, ni après celle du coucher, ni pendant les repas, la promenade au préau, la durée de la classe et des exercices religieux.

Au cas où le surveillant-chef aurait la preuve qu'un membre des Comités de patronage se ferait l'intermédiaire des détenus pour leur remettre ou leur transmettre leur correspondance, ou sortirait de ses attributions, il devrait immédiatement en informer le Préfet ou le Sous-Préfet en vue, s'il y a lieu, du retrait d'autorisation d'entrée à la prison.

CHAPITRE X

Dispositions spéciales.

ART. 112

Par addition aux dispositions générales contenues dans le présent règlement, un arrêté du Préfet rendu après avis de la Commission de surveillance sur la proposition du Directeur de la Circonscription détermine les mesures d'ordre intérieur et de police locale (notamment en cas d'incendie) et les détails de service qu'il est utile de prescrire dans chaque prison (heures du lever, du coucher, des repas, des promenades, et autres mouvements généraux de la population pénitentiaire, nombre des visites devant être faites chaque semaine aux détenus par le personnel de la prison, jours et heures des visites aux détenus par les familles etc.)

ART. 113

Un extrait des articles du présent règlement reste constamment affiché dans les divers quartiers des prisons.

Un extrait des dispositions du règlement particulier visé par l'article précédent est également affiché.

Il est donné lecture aux détenus arrivants qui ne savent pas lire, des dispositions essentielles de ces règlements et notamment de celles relatives à la discipline.

ART. 114

Le présent règlement est applicable à toutes les maisons d'arrêt, de justice et de correction où les détenus sont soumis au régime de l'emprisonnement en commun.

Les attributions conférées au Préfet par le présent règlement sont exercées à Paris par le Préfet de Police.

ART. 115

Sont abrogées toutes dispositions antérieures contraires à celles contenues dans le présent règlement, et notamment le décret du 11 novembre 1885.

ART. 116

Le Garde des Sceaux, Ministre de la Justice est chargé de l'exécution du présent décret qui sera publié au *Journal officiel* et inséré au *Bulletin des Lois*.

Fait à Paris, le 29 juin 1923.

Le *Président de la République*,

A. MILLERAND

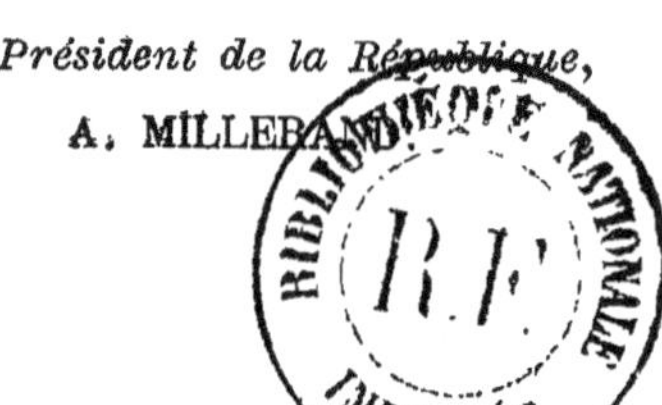

Par le Président de la République :

Le Garde des Sceaux,
Ministre de la Justice,

M. COLRAT.